DIEU

UNIQUE VIE DES GOUVERNEMENTS

ET DES NATIONS.

Discours prononcé pour l'Invention de la Sainte Croix, à l'église
Notre-Dame de Dijon,

PAR

L'ABBÉ CHARLES LOUVOT,

Vicaire, Chanoine honoraire.

———

Un peuple n'écrit pas son code dans un accès de fièvre.　(DE MAISTRE.)

C'est sous l'étendard de l'Église catholique que les Francs ont constitué leur nationalité.　(BUCHEZ.)

DIJON,

LAMARCHE ET DROUELLE, LIBRAIRES, PLACE SAINT-ÉTIENNE,

ET CHEZ LES PRINCIPAUX LIBRAIRES.

1848.

Une Lettre et une Réponse.

Monsieur l'Abbé,

Le Discours que vous avez prononcé avant-hier
dimanche, et qui a vivement impressionné la portion
intelligente de votre auditoire, mérite d'être médité. Il
est, d'ailleurs, une noble protestation contre les me-
nées de certains hommes qui ne cherchent à vous
nuire qu'en vous prêtant des sentiments qu'ils puisent
dans leur cœur, ne pouvant les trouver dans le vôtre.
Aujourd'hui même ils exploitent contre vous, en la
dénaturant, la parole si indépendante, si chrétienne
que vous venez de nous faire entendre. — Vengez-vous
de vos ennemis et servez vos amis en livrant votre Discours à l'impression. Quand la vérité se reproduit,
comme la lumière elle fait disparaître les ténèbres.

Je suis, Monsieur l'Abbé, l'un de vos dévoués,

D.-R. B.

9 mai 1848.

18 mai 1848.

Monsieur,

Vous désirez de moi une chose trop peu importante pour que je vous la refuse. L'honnête homme ne craint pas plus qu'on juge ses écrits, que sa parole, que sa vie ! Sans avoir les propriétés de la lime, je ne redoute pas la dent des serpents ; celle des hommes serait-elle plus mauvaise ? Eh bien ! quand même, pour me servir des expressions d'un prophète, *elle serait comme une flèche aiguë, trempée dans le poison du mensonge* (1), je n'envie ni ne redoute sa puissance ; *Dieu est mon juge ; mes intentions, mon cœur, sont en sa puissance* (2) ; *s'il me justifie, que m'importe le jugement des hommes ?* (3)

Si, dans mes paroles et mes écrits, je venais à me tromper, et cela serait d'autant moins surprenant que l'infaillibilité qui est dans l'Eglise ne se trouve nulle part ailleurs, je m'empresserais toujours, *à la voix de l'Eglise*, de réparer mes torts. En attendant ce jugement, qui ne sera jamais inspiré par la *détraction*, mais par la charité, je me permettrai de vous dire que

(1) Jérémie, 9.
(2) Isaïe, 49.
(3) S. Paul.

je ne partage pas votre opinion sur l'influence irrésistible de la vérité. Depuis son entrée dans le monde, elle a rencontré plus que des contradicteurs. *Les ténèbres n'ont point reçu même la vérité éternelle !* (1)

Je n'en demeurerai pas moins aussi fidèle à la vérité qu'à l'amitié. C'est en leur nom que je vous offre, avec mes remerciements, l'expression du dévouement, etc.

L'Abbé Charles LOUVOT.

(1) S. Jean.

DIEU
UNIQUE VIE DES GOUVERNEMENTS
ET DES NATIONS.

Lorsqu'un vaisseau, assailli par la tempête, est menacé de périr, tous ceux qui sont intéressés à son salut dirigent aussitôt leurs regards vers le ciel; ils comprennent alors ce qu'ils méconnaissaient quand la mer et les vents leur étaient favorables. Ce qu'ils oublieront peut-être, quand le danger aura cessé, c'est que l'œil de Dieu veille sur l'abîme, et qu'il peut, de sa main puissante, ouvrir une route sûre à travers les flots irrités.

Cette foi que la crainte du péril réveille en certaines âmes, elle est toujours active chez le véritable chrétien; aussi, s'il bénit Dieu pour les jours de paix et de gloire qu'il accorde à sa patrie, dans les commotions violentes qui semblent compromettre toutes les existences, plein de confiance au nautonnier invisible qui dirige le vaisseau de l'État, dont la voix sait dominer la tourmente, il se montre supérieur à tous les événements.

Que sont pour lui, d'ailleurs, toutes les révolutions, sinon autant de témoins de la puissance, de la justice de Dieu et de la vanité de l'homme, de la durée des œuvres divines et de la fragilité des entreprises des plus grandes nations? Aussi assiste-t-il sans étonnement à la chute des empires, des royautés, de tous les gouvernements qui croyaient pouvoir subsister sans Dieu : à la voix qui s'élève du milieu des ruines, qui retentit comme un tonnerre, en annonçant à tous les siècles le jugement de Dieu sur les nations, il se recueille religieusement dans le sanctuaire de son ame, pour adorer *celui dont les décrets sont remplis d'équité* (1).

Que Rome devienne la proie des barbares ; que la barbarie place le diadème de la domination sur un front d'empereur ou de roi ; que des dynasties se substituent à d'autres dynasties ; que des trônes disparaissent, ainsi que des feuilles sèches que le vent emporte, la raison de ces événements, il ne la voit pas, ainsi que tant d'esprits superficiels, dans telle combinaison, tel accident, mais dans la loi qui régit les nations. Il sait que *leur vie est dans leur union avec Dieu par des constitutions religieuses, leur ruine dans leur séparation d'avec cet élément divin, seul principe constitutif de leur existence.*

Ce dogme de vie ou de mort pour les nations, il faut plus que jamais nous en pénétrer, le proclamer sur les toits, ne pas permettre à ceux qui portent les destinées de la France entre leurs mains de l'oublier. Que je voudrais pouvoir les rassembler tous sur cette montagne où

____

(1) *Ps.* 118.

la Religion nous convie en ce moment, et du haut de laquelle Jésus-Christ a versé dans les entrailles du globe tous les éléments de la vie, vie de paix, de dévouement, de liberté! Là, nous ferions comparaître devant eux, comme nous allons le faire devant vous, les nations qui ne sont plus et celles qui sont encore debout, pour apprendre d'elles la cause de leur durée ou celle de leur ruine!

Sous l'impression d'un si puissant enseignement, pourraient-ils jamais oublier que c'est en vain que les hommes s'ingénient à édifier; s'ils ne sont *divinement assistés*, leurs ouvrages s'écroulent à la première commotion, et le vent balaie jusqu'à leur poussière!

L'élément religieux dans les institutions, *c'est le seul élément constituant et vivifiant des nations*. L'absence de cet élément dans leurs constitutions, *c'est l'unique cause de leur abaissement, de leur ruine*. Nous allons le démontrer par l'histoire universelle des peuples.

Mais partout où vous apparaissez, ô Croix sainte! là abonde cet élément de vie. Nous sommes donc pleins d'espoir pour l'avenir de la France, puisque nous la trouvons au pied de la croix où nous sommes venus vouer tout l'amour de nos cœurs. *O Crux! ave....*

I.

Tout édifice qui n'est pas bâti sur des fondements solides est menacé d'une ruine prochaine. La pierre fondamentale de tout édifice social, c'est Dieu. Si *celui qui affermit la terre sous les pieds des peuples, qui étend la voûte des cieux sur leurs têtes*, n'inspire leurs législateurs, ne vivifie les constitutions des gouvernements, ces gouvernements périront. S'il n'est lui-même l'âme d'une nation, cette nation disparaîtra comme une tente dans une nuit d'orage ; elle périra dans les convulsions de l'anarchie !

Sans Dieu, l'homme pourrait-il exister ? Pourrait-il être heureux, en violant les lois qui régissent son être ? Et l'on pourrait croire que Dieu, qui prend un soin si spécial de chacun de nous, *qui ne laisse pas tomber un cheveu de notre tête sans l'avoir compté*, livrerait aux chances du hasard, aux intrigues de la politique, aux rêves de l'ambition, au jeu des batailles et quelquefois aux caprices d'une courtisanne, et l'avenir et l'existence des nations ? *Dieu, c'est le fondateur, c'est le législateur, c'est la providence des nations* (1).

Aussi les destinées des nations, il ne les confie qu'au génie qu'il a suscité pour marcher devant elles et tracer leur itinéraire vers l'immortalité. Ce génie ne sort ni des palais, ni du sénat : il vient du ciel, c'est le génie de la religion ! C'est lui qui porte entre ses mains l'élément de vie des nations ; c'est par lui que les peuples ont la paix, la force, la liberté ! Sans lui on ne prépare que des calamités, on n'organise que la servitude et la tyrannie ! Car la tyrannie, c'est le pouvoir sans Dieu, la servitude, l'obéissance à un homme. Or, l'élément religieux, c'est l'élément chrétien déposé, dès le principe, par le Verbe au sein des sociétés, dit saint Augustin, pour être leur vie, la raison de leur existence. Toute na-

(1) Isaïe.

tion que Dieu ne porte pas dans sa main tombe aussitôt dans l'abîme du passé ; mais elle demeure, elle lève sa tête glorieuse au milieu des siècles, celle qui a son point d'appui dans le monde divin. Pour s'en convaincre, il suffit de jeter un regard sur l'humanité et au-delà et en-deçà du Calvaire.

I. Fidèles à ce principe de vie, comme ils sont assis sur terre, ces peuples qui ont pour ainsi dire fatigué le sol de leur longue existence ; semblables à des cèdres incorruptibles, ils grandissent, se propagent sans s'affaiblir, sans perdre un seul de leurs nombreux rameaux. Ah ! c'est que la vie qui est en eux sort non des entrailles de la terre, mais du ciel, mais de Dieu !

A l'Orient, ce sont les immenses empires de l'Egypte, de l'Assyrie, de la Perse qui ont jeté tant de cités, de royaumes au sein de la civilisation. Cette fécondité qu'ils répandent partout avec les eaux de leurs fleuves, de leurs océans, avec les feux de leur Orient, la doivent-ils à la puissance de leurs conquérants, à l'habileté de leurs sages ? Ils la doivent à une législation intimement religieuse. C'est là le ciment divin qui leur donne ici-bas la consistance du granit.

Quand on pénètre dans leurs temples (et les temples alors étaient le sénat des législateurs), on reconnait, dit Origène, dans son Traité contre Celse, que la foi des Patriarches avait passé de leurs tentes dans le sol de l'Asie, que leur Dieu *avait pris séance dans l'assemblée de ses dieux*. Il s'était assis au milieu de ses législateurs pour les mettre en participation de sa sagesse, de son équité, de sa vie. *Deus stetit in synagoga deorum.*

Telle est la cause de leur grandeur, de leur durée. L'élément religieux coulait des sanctuaires de Thèbes, de Ninive, de Babylone, de Persépolis, d'Alexandrie, dans les institutions civiles, politiques, militaires; ce que le Zand-Avesta des Mèdes et des Persans, les Védas des Indiens renfermaient de vérités primitives, divines, c'est là le fondement de la législation de ces peuples, la source d'où a jailli pour eux et la *paix qui descend de leurs montagnes, et la justice qui remplit leurs collines* (1).

Tous les empires qui ont vécu, n'ont vécu que par leurs constitutions ; et les constitutions n'ont de vie que par l'élément religieux. *Les fondements des nations sont sur les montagnes éternelles* (2).

Cette loi qui régit les nations est tellement divine, que son action est universelle, que l'Occident lui donne une sanction tout aussi solennelle que l'Orient. Demandez aux Sarmates, aux Scandinaves, d'où leur vint leur puissance et leur longévité? Ces peuples, les patriarches de la Barbarie, ne vous parleront pas de l'aspérité de leurs montagnes, des profondes solitudes de leurs forêts, ils vous parleront de Dieu, dit Salvien (3), de son assistance. Leurs chartes ne sont-elles pas écrites avec les textes vénérés de leurs Eddas, qui contiennent tant

______

(1) *Ps.* 71.

(2) Les véritables fondateurs des peuples anciens ne furent pas livrés à l'idolâtrie, comme quelques personnes sont portées à le croire. Schlegel l'a suffisamment démontré.

« Cyrus et ses successeurs avaient même une telle aversion pour l'idolâ-« trie, qu'ils firent renverser les idoles de Bel et de Nebo. Leur religion « était celle des mages, » et celle des mages la tradition altérée des vérités primitives. (GENOUDE.)

(3) *Lib.* 7.

de parcelles de la vérité religieuse? Il est donc vrai de dire que le génie religieux, c'est le sublime architecte des nations, comme Dieu est celui de l'univers. Lui seul peut trouver le solide pour poser les fondations, lui seul peut placer le faîte de l'édifice au-dessus de la région des orages! Sans lui est-il un peuple qui ait la vie?

Mais, que lui doit cet empire qui est le couronnement du Vieux-Monde? Géant redoutable, je le vois debout, un pied sur l'Occident, poser l'autre sur l'Orient; de ses deux bras, il touche aux pôles; son front est dans les cieux, son regard domine les siècles; il commande, et l'univers obéit.

Et cependant, il n'a de confiance qu'en ses légions et ses faisceaux, dans les quarante mille dieux qu'il a conviés dans le Panthéon, à la table impure de son Jupiter Capitolin?

Ne nous arrêtons pas à cette Rome extérieure : tout ce luxe de puissance, d'orgueil, de volupté, ce n'est que le vêtement dont elle se pare, à son insu, pour le jour des vengeances, pour monter sur le bûcher que lui préparent les siècles foulés et profanés par elle. Mais, si nous interrogeons les origines des grandeurs de Rome, près de son berceau apparaît la Religion; c'est elle qui préside à ses destinées, elle qui inspire ses sages, son sénat, ses capitaines, ses tribuns. Le génie de Rome, c'est le génie même de la Religion !

Ah! c'est que Rome, dans la pensée de Dieu, dit saint Augustin, ne devait dominer l'univers que pour venir avec lui au pied de la Croix. Fille aînée de l'Europe, placée en face de l'Asie, de l'Afrique, qu'elle avait enlacées à sa ceinture, elle devait enrichir le monde de la bonne nouvelle et étendre ainsi les limites de sa puissance pacifique bien au-delà des limites tracées par les Paul-Emile, les Scipion, les César! C'était là sa mission providentielle et la cause réelle de sa grandeur ; celle de sa ruine, comme nous le verrons bientôt, fut d'avoir méconnu cette mission. Quand le génie de la Religion abandonna Rome, Rome tomba entre les bras de ses idoles, et delà dans la poussière et l'oubli!

C'est que des bras d'homme ne peuvent pas porter des nations entières, encore moins leur faire traverser les âges. Il ne faut pas un si lourd poids pour les accabler, une si longue marche pour leur faire rencontrer un tombeau! Le génie de la Religion seul est immortel, seul il peut conduire les nations à l'immortalité (1)!

Aussi, comme il est vivant, ce peuple dans lequel l'élément religieux, disons plus, dans lequel le Verbe s'était comme incarné! dit un Père (2). Il n'est pas d'hier ; pour raconter sa généalogie, il faut aller loin dans l'horizon du passé ; il faut laisser en chemin toutes les chronologies ; de Jérusalem, où nous le voyons réuni dans le temple qu'il a élevé au vrai Dieu, il faut, pour trouver son origine, remonter les rives du Jourdain,

____

(1) *Toute constitution durable est divine dans son principe.* L'homme ne peut rien dans ce genre, à moins qu'il ne s'appuie sur Dieu, dont il devient alors l'instrument : c'est une vérité à laquelle le genre humain en corps n'a cessé de rendre le plus éclatant témoignage. Ouvrons l'histoire, cette politique expérimentale, et *la fable, bien plus vraie que l'histoire* ancienne, pour des yeux préparés, nous y verrons que c'est toujours à la protection divine qu'est attaché le succès des héros fondateurs, des chefs des empires.　　　　　　　　　　　　(DE MAISTRE, *Pr. générateur, 41.*)

(2) *Lex gravida Christo.* (S. AUG.)

traverser le désert, où il triomphe successivement des enfants d'Edom, des Amalécites, des Philistins; il faut aller bien au-delà des tentes des Patriarches. On ne s'arrête qu'aux portes d'Eden, pour s'agenouiller devant le Dieu qui lui a déjà donné quarante siècles d'existence et de grandeur!

Et quels hommes brillent dans ses rangs! Aux Patriarches ont succédé d'admirables législateurs : les Moïse, les Esdras; des rois magnanimes : les David, les Josaphat, les Ezéchias; d'illustres pontifes : les Aaron, les Samuel, les Joïdas; d'intrépides guerriers : les Josué, les Gédéon, toute la famille des Asmonéens!

Rien ne peut tarir la vie qui est en lui, et cependant aucune calamité ne lui a manqué : plusieurs fois il a assisté à la désolation de la Judée, à la ruine de ses cités; il a subi tour-à-tour le joug des Egyptiens, des Assyriens, des Babyloniens. Pharaon a cru pouvoir arrêter sa sève en livrant ses fils aux eaux du Nil, en soumettant les pères à des travaux intolérables. Et ces esclaves du despotisme, ils ont creusé la tombe de leurs maîtres et élevé les trophées de leur immortalité! Sous le joug des Chaldéens, ils portent leurs fronts humiliés jusque vers le trône de Dieu. En foulant de leurs pieds nus les sables brûlants de l'exil, ils parlent entre eux de gloire, d'avenir, de patrie! Ah! c'est qu'avec leur Dieu, leur foi, ils portent en eux, et partout, leur nationalité, leur patrie! Sous les serres du vautour de Babylone on pourrait croire qu'Israël va pousser son dernier cri de vie. On écoute.... et c'est alors que, comme l'aigle, il prend son essor, plane sur ses oppresseurs et chante ses triomphes, ses gloires, sa liberté!

O Peuple merveilleux ! dilate tes entrailles pour recevoir cette plénitude de vie que le Christ apporte aux nations, et qu'il veut d'abord déposer dans ton sein ! Lève-toi, lève-toi, Peuple de Dieu ! En marche sous l'étendard du Christ, qui déjà flotte sur tes montagnes, viens en son nom appeler les peuples à la liberté, au saint banquet de l'amour, de la charité, qui seule peut réunir tous les cœurs ; dis à Juda de déposer le sceptre de tes rois entre les mains du Christ, et tes destinées, ainsi que les siennes, n'auront point de fin. Par Oreb, par Sinaï, par Sion, je te vois traverser les siècles, couronné de toutes les gloires, et les porter toutes dans le sein de l'éternité !

Israël, vous le savez, a préféré César à Dieu. Nous verrons ce que César a fait pour Israël ; mais il n'est pas encore temps d'interroger les ruines : interrogeons plutôt les nations qui, depuis dix-huit siècles, vivent de l'élément chrétien.

II. Par son action vivifiante, comme les royaumes, les empires, qui, semblables à des vieillards usés par les années et les infirmités, touchaient à leur déclin, se rajeunissent d'une manière merveilleuse, s'organisent sur des bases plus fécondes, plus larges, plus inébranlables ! L'Asie, l'Arménie, la Perse, les Indes secouent leur sommeil, déchirent le suaire qui couvrait leurs fronts, et font jaillir sur le monde les irradiations du génie divin qui *les transforme entièrement* (1). De leurs plaines s'élèvent les parfums des plus pures vertus ; de leurs mon-

---

(1) *Mutabunt fortitudinem.* (ISAÏE.)

tagnes découlent des trésors d'indépendance, de charité, que les vents emportent au-delà des fleuves et des mers, semences divines d'une germination impérissable! Leurs institutions, leurs mœurs, tout annonce que c'est un Dieu qui les anime, les affranchit, les affermit sous la voûte des cieux! Les déserts de Syrie, les crètes du Liban pourront chanter leurs hymnes de joie. *N'ont-ils pas la beauté du Carmel et la fertilité de Saron* (1)?

En Afrique, l'Egypte, la Thébaïde, les nécropoles, et jusqu'aux ruines de Ramsès, se raniment pour la vie nouvelle. Déjà ils ne peuvent plus compter les peuples qui sortent de leur sein, et dont les vertus sont l'étonnement de la terre et l'admiration du Ciel!

C'est parmi ces nations vraiment chrétiennes, et non dans les républiques de la Grèce ou de Rome, qu'il faut chercher les types parfaits des hommes libres, exercés à la fraternité par une charité sans bornes; à l'égalité, par les leçons et les exemples de celui qui, *étant le maître de tous, s'est fait le serviteur de tous;* à la liberté, par l'esprit de sacrifice, de dévouement, par la connaissance qu'ils ont de leur origine, de leur fin! Sortis de Dieu, retournant à Dieu, qui pourrait leur faire croire qu'un homme ait le droit de les asservir? Les fronts touchés par la croix sont trop fiers pour s'incliner devant la tyrannie. Aussi les tyrans furent-ils tous les ennemis du chrétien: car, pour le chrétien, il n'y a qu'un maître, Dieu! qu'un souverain législateur, Dieu! qu'un devoir qui les résume tous, celui de mourir martyr plutôt que

______

(1) Isaïe, 33.

de trahir sa conscience, les intérêts de la vérité, ceux de l'humanité (1) !

Cette vie véritable des peuples, je le répète, je l'affirme, on ne la trouve que chez les nations qui sont fondées sur l'élément religieux, chrétien : partout où est la croix, accourent pour les peuples la liberté, l'unité, la force, la durée! La même cause produit partout les mêmes effets. Voyez en Occident : le chaos qui s'anime, sous le souffle créateur, m'étonne moins que toutes ces races barbares, Scythes, Germains, Gaulois, Teutons, Sarmates, qui, sous l'action chrétienne, se constituent politiquement, et commencent, avec le travail de leur civilisation, l'histoire de leur grandeur, l'histoire de l'avenir du monde!

Comme ils sont vigoureux, tous ces peuples qui ont Dieu en eux, dans leurs entrailles, dans leurs constitutions, et cela malgré les pressions que leur ont fait subir les diverses tyrannies, et elles sont nombreuses sous le soleil! Parcourez vos géographies : montrez-moi un seul point où vive l'élément chrétien, et où la mort habite ? Les nations chrétiennes! elles sont toutes debout! Semblables à de majestueuses pyramides, elles s'affermissent sous l'action du temps ; l'ouragan qui balaie de la terre les peuples sans Dieu, ces caravanes sans consistance, ne fait que de constater leur indestructibilité! Aussi ont-elles pour les contempler plus de quarante siècles : elles ont le Dieu de l'éternité!

____

(1) Pour moi, je ne suis point l'esclave de l'Empereur ; je n'ai qu'un maître, qui est le maître de César : Dieu ! (TERTULIEN.)

Pour mettre un chrétien aux pieds du tyran, il faut la hache. Comme le chêne, il ne plie pas, on l'abat. (S. CHRYSOSTÔME.)

Qui oserait prédire la ruine prochaine d'une seule nation régie par des institutions chrétiennes? Est-elle morte l'Espagne? Est-elle morte l'Irlande? Est-elle morte la Pologne qui portait écrit sur son drapeau, au jour de ses luttes héroïques : *Pour la Religion, la Liberté!* La patrie des Sobieski est tout aussi vivante que l'Italie!

Et hier, on convoquait les peuples, pour assister aux funérailles de Rome; on disait : « Le bâton pastoral d'un Pape, tout vermoulu qu'il est, pourrait-il soutenir Rome qui penche au tombeau? » Déjà ses ennemis montaient sur ses collines, pour voir passer le convoi et insulter à ceux qui porteraient son deuil! Et voici que Rome déployait sa bannière victorieuse sur le Vatican, et sa voix qui avait affranchi, naguère encore, les Amériques, appelait l'Orient, l'Occident, les îles les plus éloignées à la liberté! La Papauté, dans la personne de Pie IX, sortait triomphante du tombeau séculaire où les rois absolus et les gardes de l'impiété espéraient la retenir captive. Et le génie de Rome, entrant dans une ère nouvelle de grandeur (1), bénissait et la cité, et l'univers, et les blasphémateurs qui étaient venus pour lui prodiguer l'outrage, oublieux qu'ils étaient de ses bienfaits et de la loi qui garantit l'immortalité aux nations chrétiennes (2)!

(1) Ce qui se passe à Rome doit peu nous inquiéter au point de vue de la foi. Les promesses faites à l'Eglise ne sont-elles pas impérissables? Cela doit nous suffire, ou nos convictions sont écrites sur le sable. — Les difficultés pour Pie VII furent d'une bien autre nature. Dieu a-t-il, alors, abandonné la barque de Pierre? Lisez l'histoire de ce saint pontife, par M. le chevalier Artaud : elle bannira vos appréhensions.

(2) L'état actuel du monde, considéré sous le rapport de la prépondérance toujours croissante des nations chrétiennes, est infiniment remarquable; c'est un fait qui doit faire réfléchir l'incrédulité. On dirait que seules elles ont

Heureusement que la France, la fille aînée de Rome, ne s'est approchée de sa mère, dans ces jours d'épreuve, que pour lui offrir son cœur, afin de reposer le sien. Ah ! c'est que la France a compris qu'elle n'était grande entre toutes les nations que par le christianisme ! Mais toutes ses gloires datent du jour où cette noble fiancée a osé demander la main du Christ au champ de Tolbiac, où elle a été marquée au front d'un signe mystérieux, divin, pour être la gardienne des libertés du monde !

La France ! elle est immortelle, car elle est chrétienne jusque dans les dernières couches de son sol ! Qu'on ne vienne donc pas nous menacer des barbares du Nord, des flottes d'une nation rivale. La France n'a-t-elle pas conservé le glorieux drapeau que nos aînés ont planté sur les Pyramides, les Alpes, le Kremlin ! N'a-t-elle pas entre les mains l'étendard qui a soumis Rome, Carthage, Athènes, *fait à la lettre le tour du monde*, il y a plus de dix-huit siècles, la croix du Christ ! Pour désarmer ses ennemis, la France n'a qu'à toucher leurs fronts de ce bois sacré ; pour défendre ses frontières, pour qu'elles soient respectées et aimées, elle n'a qu'à y planter la croix ; pour asseoir à jamais sur le sol l'édifice de notre avenir, qu'elle l'élève sur la croix (1). Mais, si elle permettait que ce signe sacré fût méconnu, ou relégué tout

---

l'activité de la vie, tandis que le reste de la terre est dans le sommeil de la mort. L'Angleterre domine sur cent millions de païens et de mahométans. La Perse et la Turquie sont absorbées par la civilisation chrétienne. — L'Océanie leur est soumise, l'Afrique n'échappera pas à ses étreintes.

(Le Semeur, 1838.)

(1) Les principes du Christianisme, bien gravés dans les cœurs, sont infiniment plus forts que le faux honneur des monarchies, *les vertus humaines des républiques antiques*, et la crainte servile des États despotiques.

(MONTESQUIEU, E. des Lois, liv. 24.)

au plus dans un ossuaire, comme une relique vieillie; si quelque violent orage se formait sur le Calvaire, sans qu'elle le conjurât, oh! alors, je le dis avec douleur, malheur à nous! malheur à la France! Mais non, mon Dieu, vous ne permettrez pas (j'aime tant ma patrie!), vous ne permettrez pas qu'elle cesse, même pour un jour, d'être chrétienne; son sort ne sera jamais celui des nations qui, sans le Christ, vont toutes à la mort!... comme nous allons nous en convaincre en assistant avec vous à leurs funérailles.

II.

Comment ont-elles disparu, ces nations qui ont projeté tant de gloire au milieu des siècles? L'épée d'un conquérant a-t-elle suffi pour les frapper au cœur et effacer leurs noms de l'histoire de l'avenir? Le glaive peut tuer un homme, il ne saurait tuer une nation; car la vie d'une nation n'est pas dans son sol, dans ses tours fortifiées, elle est dans ses constitutions, et la vie de ses constitutions dans l'élément religieux, qui est leur âme. Contre ce principe de vitalité divine, que peut le glaive?

Je sais que pour la plupart des hommes, qui ne vivent que dans le domaine des faits matériels, la ruine de ces nations n'est qu'un événement naturel. A les entendre, si la Chaldée, l'Assyrie, l'Egypte ont disparu de la scène du monde, c'est que les Mèdes et les Perses ont dévoré ces empires et leurs cités. Si les Mèdes et les Perses disparaissent à leur tour, c'est que l'épée d'Alexandre a brisé l'épée de Darius. Si l'empire d'Alexandre s'efface sous les pieds des Parthes, celui des Parthes sous les pieds des Tartares ; si le monde entier disparaît un jour, avec toutes ses nationalités, sous le char de Rome victorieuse, c'est toujours une épée plus forte qui brise une autre épée ; une nation à plus larges entrailles qui absorbe une autre nation.

Qu'on le sache bien, les nations ne meurent que quand elles se suicident ! que lorsqu'après avoir bu à longs traits le poison de l'incrédulité, de l'orgueil, de la volupté, elles ont contraint l'élément religieux à les abandonner, à porter ailleurs sa sève féconde. Alors, privés de Dieu, ces cadavres de nation tombent d'eux-mêmes en dissolution ; le vainqueur n'arrive que pour assister à leurs funérailles et sceller leur tombeau !

Tous les empires qui sont tombés ne sont tombés que pour avoir divorcé avec le ciel, proscrit l'élément religieux de leurs lois, de leurs institutions, de leurs assemblées, du cœur des peuples. Quand on a dit pour eux : *Les dieux s'en vont !* ils se sont aussitôt affaissés sur leur néant, ils ont été enlevés de la terre sans laisser d'autre trace de leur existence que le souvenir de leur ruine !

C'est ainsi qu'ont péri les empires des Pharaon, des Cyrus, des Darius, des Alexandre. Ils s'élevèrent pleins de gloire, tant qu'on vit la Religion, la Justice, assises près de leur berceau, souffler sur eux l'esprit de vie, les fortifier par l'exercice des vertus sévères. Ils s'écroulèrent comme des édifices sans fondement, aussitôt que l'incrédulité, après avoir fait irruption dans les âmes, envahit les institutions ; que l'homme se substitua à Dieu, la force au droit ; que le Pouvoir, enivré d'orgueil, foula tout aux pieds, l'équité, l'humanité, la vé-

rité (1). Alors Dieu dit au Temps : « Cette dérision de la
« société pour laquelle j'ai fait l'homme m'est en abo-
« mination : hâte-toi d'en purger la terre. Et le Temps
« emporta, comme une feuille sèche, ces grandes mo-
« narchies, ces puissants empires. *Laissez passer la*
« *justice* de Dieu » (2).

Leur ruine fut tellement la conséquence de la viola-
tion de la loi divine qui régit les nations, que ce sont
les prophètes de Dieu qui dénoncent au monde leurs funérailles futures. C'est Isaïe qui sonne la charge contre
l'Assyrie et la Chaldée, deux cents ans avant l'événement.
Marche donc, ô Perse! Assiége la ville, ô Mède! Il bat
des mains à la chute de Babylone, de cette voluptueuse
fille des Chaldéens étendue sur la poussière des che-
mins; et cependant Babylone régnait alors sur la Phry-
gie, la Lydie, tout le pays de Chanaan! Il souffle sur le
bûcher dressé dans la vallée de Trophet, qui doit dévorer l'orgueil et la gloire d'Assur!

Avec Isaïe, Ezéchiel, Daniel nous font assister à la
ruine de l'Egypte, des royaumes d'Ephraïm, de Damas;
ils nous montrent Cyrus sortant de la cabane du berger,
les ossements des Pharaons profanés, Alexandre enlevant
dans ses chariots et les Perses et les Mèdes, la Grèce ex-
pirant entre les serres de l'aigle du Capitole, et l'aigle
du Capitole tombant à son tour sous le trait d'un Bar-
bare; ils voient le fleuve menaçant de la Justice souve-
raine, surmontant enfin ses rives, entraîner dans son

---

(1) L'Asie occidentale, une partie de l'Afrique et de l'Europe en étaient
là, au temps où se formait la puissance de Rome sous l'influence des lois
morales, des saintes maximes tombées dans le mépris des autres nations.

(LAMENNAIS.)

(2) LAMENNAIS.

invincible courant républiques, royaumes, et les immenses débris des races dégénérées, races abandonnées
de Dieu! *Qui elongant se a te peribunt* (1).

Jésus-Christ annonçant à Jérusalem les malheurs qui
vont l'envelopper, si elle refuse de laisser pénétrer dans
ses institutions, dans le sanctuaire de son temple l'élément chrétien, n'a-t-il pas donné à cette loi de vie pour
les nations une sanction évidemment divine?

Qu'est-elle devenue Jérusalem, depuis le jour où elle
a dit : *Je ne veux pas que le Christ règne sur moi, sur
mes fils!* Elle croyait ses destinées éternelles sous le
sceptre des Césars; et trente années s'étaient à peine
écoulées, depuis son crime et son apostasie, qu'un bras
invisible, se servant du sceptre de César, brisait Jérusalem. Il détruisait jusqu'à ses ruines!

Point de clémence, point de pardon, ni pour la cité,
ni pour son temple! tout s'écroule, tout disparaît, tout,
jusqu'à ses fils, qui, dispersés dans l'univers, ne seront
condamnés à vivre comme individus (2) que pour sentir
toujours la mort comme nation!

Rien n'a changé depuis dix-huit siècles dans le sort
de ce peuple, parce que, depuis dix-huit siècles, il ferme
ses entrailles à la vie chrétienne. Plante parasite, il n'a
de racine sur aucun sol, et il baigne de ses sueurs toutes les terres du monde. Quand il était captif sur les rives de Babylone, il avait des prophètes pour le rappeler
à l'espérance; aujourd'hui, rien! Où est Moïse, pour
réunir ses tribus éparses? où est Jérémie, pour s'atten-

______

(1) *Ps.* 72.

(2) La vie qu'ils ont, ils ne l'ont qu'en vertu de la parole divine qui les
condamne à vivre.   (DUPLESSIS.)

drir sur ses ruines? où sont ses grands capitaines, ses illustres tribuns, pour lui promettre des victoires? La plainte du Juif, elle n'a plus d'échos! Depuis qu'Israel a tué le Christ, il s'est suicidé! sa vie, comme nation, s'est éteinte jusqu'à la dernière étincelle! Voilà pour-quoi il s'est fait sur Jérusalem un si grand silence, une si profonde nuit!

Et l'on voudrait croire encore que des nations pussent vivre d'une véritable vie de liberté, d'intelligence, sans avoir dans leurs veines un sang religieux, un sang chrétien (1)?

La ruine de Jérusalem appelle la ruine de toute nation où le Christ n'est pas vivant, où il n'est pas le législateur, le grand maître de cette nation. Elle appelle surtout la ruine de Rome païenne; de Rome qui n'a dressé ses gibets, allumé ses bûchers, agrandi ses amphithéâtres, que pour anéantir et le nom et l'esprit chrétien. Rome, maîtresse de l'univers, voulait se débarrasser du Dieu de l'univers! le chasser de ses possessions! elle se croyait assez forte pour porter les mondes sur son bouclier! — Rome! l'épée de Dieu est sur ta tête, ta chute est proche, c'est ta fin! *Venit finis, nunc finis super te* (2).

Et des forêts du Don, de la Scandinavie, de leurs profondes solitudes, viennent fondre sur Rome des

(1) Ces nations, dit un prophète, *ne sont ni plantées ni enracinées; un souffle les frappe, elles sèchent aussitôt, et un tourbillon les chasse devant lui comme une paille légère.*

(2) Ezéch., VII, 2.

Il n'y a de vie pour les peuples, même en politique, que dans l'Évangile. Quand leurs législateurs ferment ce livre, ils tarissent aussitôt toutes les sources du droit, et effacent les titres de tout pouvoir.

(BACON, De bello sacro.)

monstres plus furieux que ceux que nourrissait Rome pour dévorer les martyrs. Portés sur les tempêtes, les voilà qui accourent pour s'entrepartager les lambeaux du cadavre romain !

Ils font brèche à la fois par tous les remparts de l'Empire; Athènes, Sparte, Corinthe sont profanées ! Carthage expire une seconde fois ! Alaric, Attila, Genséric foulent toutes les gloires de Rome sous les pas de leurs coursiers, ils labourent de leurs glaives tout le sol de l'Empire, ils abandonnent aux vents jusqu'aux cendres des Scipion, des Paul-Emile, des Fabius!

Oh! quelle humiliation pour Rome d'expirer sous les regards ironiques de ces Barbares, de les voir préparer ses funérailles, portant entre leurs mains, avec la coupe pleine du sang des vaincus, la croix qu'elle avait insultée, et qui seule va rester debout sur les ruines de l'Empire!

Cette fois, peut-être, les rois et les peuples comprendront-ils que, sans Dieu, les plus puissantes nations sont *comme l'herbe qui se flétrit et que la flamme dévore ;* que, sans Dieu, elles n'enfantent que des *projets* inutiles; que, sans Dieu, *leurs chars, leurs coursiers* ne peuvent les conduire qu'à la mort. Montrez-moi une seule nation qui puisse faire entrer des siècles dans sa chronologie, raconter les gloires de ses aïeux, sans qu'elle ait eu Dieu pour législateur, sans avoir été vivifiée par Dieu (1)!

(1) Rome, Carthage, tous les anciens peuples d'Orient et d'Occident ne sont tombés que pour avoir méconnu l'action chrétienne, que pour avoir refusé sa législation. — Alaric n'est autre chose que le ministre de la Justice éternelle. Il répond à la prière du moine qui le conjure d'épargner Rome : « Je ne le puis, *je suis poussé invinciblement à la renverser.* » — Genséric, en présence de l'amphithéâtre de Carthage, s'écrie : « *Ouvrez à l'envoyé du ciel*

Depuis que l'Asie s'est débarrassée de l'élément chrétien, qu'elle a foulé aux pieds les institutions qui lui
avaient donné tant de vie, qui avaient fait fleurir ses solitudes, peuplé ses déserts, affranchi de tout joug ses
plus hautes montagnes; qu'elle a livré toutes ses destinées à la sagesse humaine, qu'est-elle devenue? Sa
couronne d'honneur s'est aussitôt flétrie sur son front,
sa robe virginale a été maculée; elle-même, depuis des
siècles, vit deshonorée dans le sérail d'un sultan !

Ne dites pas : Elle dort sur un divan, au milieu des
parfums. Des parfums! on en brûle autour des morts
pour ne pas sentir la corruption qu'ils répandent (1).

Et l'Afrique, si intelligente, si forte tant que le Christianisme vivifia ses lois, fut sa loi suprême, où la trouvons-nous aujourd'hui? Sous le triple joug de l'esclavage, de la fatalité, de l'abrutissement! « Quelle terre
vassale ! Dépouillée de la royauté de la pensée, l'Afrique
n'a plus de représentants dans le monde civilisé; elle n'a
plus d'autre voix, pour constater son existence, que le
rugissement des lions et le bruit des fleuves qui rongent
cet empire du vide » (2).

Depuis que l'Afrique a laissé la Croix, qu'elle s'est
soustraite violemment à la législation chrétienne, le yata

et de la terre! » Quand il a châtié l'Afrique et que, monté sur le vaisseau,
le pilote lui demande : « Où faut-il faire voile? — _Là où Dieu veut punir_
des peuples. Quo Deus impulerit. »   (Dumas, tiré de Salvien.)

(1) Inutile de parler de la Chine. Cette nation, dit Schlegel, a les pieds
rivés à la terre; défense à elle de faire un pas dans la voie de la civilisation.
— C'est l'étoile fixe qui ne recevrait plus la lumière du soleil. — Le Chinois,
c'est un enfant qui a la tête courbée sur une page qu'il épèle sans la comprendre.   (Edgard Quinet.)

(2) Idem.

gan d'un Arabe l'a décapitée socialement! A-t-elle donc une nationalité (1)?

La malédiction dévore cette terre souillée par ses habitants; la ruine est assise sur les portes de ses cités, ses campagnes désolées ressemblent à une forêt de cèdres après un incendie. — Elle-même, accablée sous le poids de son iniquité, a perdu jusqu'au sentiment de sa dégradation morale! (2). Est-ce là vivre?

Il n'y a point de peuple, point de trône, point de gouvernement durables, s'ils ne sont vivifiés par le Christianisme, s'ils ne sont fondés sur l'Évangile, éclairés par la lumière éternelle, enveloppés dans l'atmosphère divine. Dites-nous, ô nos pères! pourquoi ce trône qui disparaît dans le sang? Ah! c'est que l'incrédulité, le scepticisme avaient miné ses bases antiques et vénérées. Leurs apôtres, en niant la Providence, l'immortalité, le devoir, la vertu, avaient chassé Dieu des sanctuaires de la Royauté; voilà pourquoi le trône disparut dans la tempête qu'ils avaient appelée sur la nation! Si le sang d'un juste coula, en marquant d'une tache indélébile le front de ses bourreaux, eut-il la puissance de laver les orgies de la Régence et les hontes de Sardanapale (3)?

Pourquoi la République n'apparut-elle qu'un jour à la France qui lui avait ouvert ses bras désespérés? C'est

(1) Vainement le mahométisme, dont le croissant a été brisé sur le front d'Abdérame, essayerait de chercher la vie dans ses austérités et d'agiter son cimeterre : son bras est sans force. On attend son dernier soupir.

(SCHLEGEL.)

(2) ISAÏE, XXIV, 33.

(3) Quand un prince fait alliance avec une faction impie, il prépare inévitablement sa ruine ou celle de son successeur. — Pour soutenir un trône, il y a quatre piliers : la religion, la justice, le conseil et le trésor. Là où ils sont ébranlés, il faut prier : l'État est en danger.

(BACON, *Essais de Politique et de Morale.*)

que cette vierge céleste demandait, pour contracter avec
le peuple une alliance indissoluble, d'être solennelle-
ment conduite aux autels du Christ ; et les autels et les
temples, et les pontifes et les lévites du Christ avaient
disparu dans le même abîme, abîme creusé par la Tyrannie, qui s'était fait appeler la Liberté !

Que serait-il arrivé pour la France, si Dieu, qui veille
sur ses destinées, qui avait entendu la grande voix de
ses nouveaux martyrs, n'eût fait surgir du milieu des
ruines un de ces génies qui dominent les tempêtes ! Pour
tout reconstituer, l'ordre, la famille, la société, il com-
prit qu'il fallait autre chose qu'une épée, un sceptre : il
prit une croix, et la Patrie fut sauvée, et le nom de la
France fut salué avec celui de la victoire, des bords du
Nil au Gange, des Pyramides jusqu'aux frontières d'un
autre Orient (1).

Un jour cependant il crut qu'il était le Dieu qui avait
fait de si grandes choses ; il essaya d'effacer un nom divin des pages de cette glorieuse épopée pour y inscrire
un nom nouveau. Quel est le vaisseau qui fend les flots
de l'Atlantique ? Il emporte César et sa fortune pour tout
briser contre un rocher !

Avec des lambeaux vénérés et rapportés de l'exil, on
essaya de façonner des manteaux de roi. Au lieu de

---

(1) En protégeant la Religion, Napoléon cédait non-seulement à des vues
politiques, comme on l'a répété trop souvent, mais à sa foi chrétienne.—Les
sentiments qu'il a manifestés à Sainte-Hélène, pendant sa captivité, étaient
ceux du jeune lieutenant d'artillerie. J'ai en ma possession la *Vie des Pères
du Désert,* ouvrage qu'il lisait fréquemment à Auxonne, en 1790, et dont il a
fait présent à la fille de son professeur de mathématiques, Mlle Lombard.
Cette personne l'a cédé à M. l'abbé Tombret, aujourd'hui chanoine de la
Cathédrale de Dijon, dont la mère nourrissait Napoléon, pendant son séjour
à Auxonne.

consulter le Dieu de saint Louis, la charte sublime des peuples et des rois, l'Evangile! on demanda à la politique des insulaires, à la philosophie du dix-huitième siècle les institutions de l'avenir. La Religion n'apparut que pour abaisser sa majesté aux pieds d'un sophiste couronné, et placer la croix sous la protection d'un drapeau (1). Dieu, et non des ordonnances royales, fit de nouveau souffler le vent des révolutions; vous savez ce qu'ils ont fait de son trône, vous savez encore ce qu'est devenu le trône nouveau qui était le vôtre, et que la main de Dieu ne portait pas!

Rassurez-vous : je n'insulterai pas aux majestés tombées; si je dois la vérité à tous, je dois aux victimes les égards et les respects que l'on ne refuse jamais au malheur.

Mais j'élèverai la voix pour dire à tous les peuples, à tous les chefs des peuples, à ceux de l'Orient et de l'Occident : — O princes! ô rois! ô législateurs! ô nations! ô tribuns! instruisez-vous donc! Voulez-vous la force, la vie, l'indépendance? Ouvrez l'Evangile! que ses doc-

(1) Louis XVIII ne restaura qu'un trône. Philosophe, ou plutôt sceptique par caractère, les institutions émanées de lui ne furent rien moins que chrétiennes, puisqu'elles firent revivre ou sanctionnèrent les priviléges. Les législateurs de cette époque furent en majorité anti-chrétiens ou politiquement chrétiens. On sait que Charles Dupin s'éleva contre eux, quand ils voulurent *effacer la religion du pacte fondamental.* — *Le peuple, pas plus que l'Église,* dit le P. Ventura, *n'eurent la liberté.* Charles X ne put que suivre la route frayée : elle le conduisit en exil. — Aujourd'hui, que la leçon du passé nous serve donc à donner la liberté au peuple! Nous ne pourrons la lui donner que par le christianisme : toute autre tentative serait infructueuse, désastreuse. Que le peuple soit libre! que l'Eglise soit libre! que les prêtres enfin soient libres! que les articles organiques disparaissent! et nous ne verrons pas, comme à cette heure, dans notre diocèse, un peuple de proscrits, une foule de prêtres pauvres, sans places, chassés indignement de leur paroisse, et cela pour fêter la liberté, la fraternité! — Prenons-y garde!

trines soient le fond de vos constitutions, la charte de nos droits, la règle de nos devoirs. Voulez-vous vivre? Prenez la croix ! Que le Dieu qui a donné sa vie pour l'univers, pour l'affranchir avec les flots de son sang, vous empêche d'oublier que *les maîtres des nations sont les serviteurs de tous; que nous devons nous aimer jusqu'à mourir les uns pour les autres.*

O Dieu ! ô Christ ! donnez, donnez à la France des législateurs chrétiens, animés de votre esprit d'amour, vivant de votre vie de sacrifice, de dévouement ; et par eux vous donnerez à la France la paix, l'union, le bonheur, la force ; avec la foi chrétienne, les vertus chrétiennes. Oh ! la France aura bientôt réparé tous ses désastres. Nous la verrons bientôt, grande et glorieuse entre toutes les nations, leur communiquer à toutes sa sagesse, sa modération, son esprit de justice, son amour pour Dieu et l'humanité. « Si les hommes pouvaient « lui manquer, alors elle aurait le ciel pour elle ; si « les rois se coalisaient contre elle, pour elle elle « aurait les peuples ! (1) » Marchant à leur tête, bénie par eux, aimée du ciel, quand son règne aurait cessé sur terre, c'est que le Dieu de l'éternité régnerait partout et sur tous.

(1) Le P. VENTURA.

FIN.

Dijon, imp. Loireau-Feuchot.

www.ingramcontent.com/pod-product-compliance
Lightning Source LLC
Chambersburg PA
CBHW061131050726
47594CB00005B/2188